Pferde richtig ausbilden

Grundlagen und Praxistips

von
Michael J. Stevens

Illustrationen von
Carole Vincer

CADMOS

Titel der Originalausgabe:
Michael J. Stevens, Schooling Principles
Threshold Picture Guide No. 14

Aus dem Englischen von
Susanne E. Müller

Kavalkade Ratgeber Nr. 14

Cadmos Verlag GmbH, Lüneburg
Für die deutsche Ausgabe:

Umschlaggestaltung: Ravenstein Brain Pool

Printed in Germany

ISBN 3-86127-219-9

Inhalt

Pferde richtig ausbilden
Grundlagen und Praxistips

Einführung

Wenn Sie einmal eine Gruppe von Pferden in Freiheit beobachten, können Sie friedliche Pferde sehen, die sich so majestätisch bewegen, wie Mutter Natur es wollte. Nehmen Sie eines dieser edlen Wesen, setzen Sie ihm einen Reiter auf den Rücken und fortan kann es sich nicht mehr so bewegen, wie es möchte. Es kann nicht mehr frei und natürlich auf die Umweltreize reagieren, sondern steht unter Zwang und bewegt sich nur noch, wenn und wie sein Reiter es will. Sehr oft geht augenblicklich jegliche Eleganz und Leichtigkeit der Bewegungen verloren.

Wie kann man dem gerittenen Pferd die Schönheit der Bewegungen zurückgeben, die man sehen kann, wenn es sich frei bewegen darf? Diese Frage ist der Kernpunkt der Kunst des Reitens. Wer sie beantworten kann, weiß eigentlich alles. Jeder richtige Reiter muß sich quasi auf eine Pilgerreise begeben und die Antwort suchen, denn darin liegen Inbegriff und Geheimnis der wahren Reitkunst oder „Horsemanship", wie der Engländer sagt.

Der Sitz des Reiters
Der Reiter muß sich vor allem darüber im klaren sein, daß er für das Pferd eine Störung seiner natürlichen Haltung, seines Gleichgewichts und seines Bewegungsablaufs bedeutet. Um diesen Effekt minimieren zu können, muß der Reiter wissen, wie er sitzen sollte. Wenn er nicht durch seinen Sitz eine Einheit mit dem Pferd bilden kann, wird er niemals viel Erfolg bei der Ausbildung eines Pferdes haben.

Eine Ausbildungsmethode
Das Pferd hat in der Geschichte der Zivilisation eine ganz entscheidende Rolle gespielt. Im Laufe der Jahrhunderte hat sich eine sehr erfolgreiche Methode herauskristallisiert, das Pferd unter dem Sattel anzulernen und weiter auszubilden.
Die *klassische Reiterei,* ein heute gängiger Begriff, zielt nicht nur darauf ab, die natürlich gegebene Haltung und Bewegung des Pferdes unter dem Sattel wiederherzustellen, sondern sie noch zu verbessern.
Obwohl man meist von der Schulung oder gar Dressur des Pferdes spricht, bedeutet das nicht, daß es einfach nur darauf gedrillt wird, auf eine Reihe von Signalen zu reagieren. Stattdessen unterstützt der Reiter sein Pferd in Form von *Hilfen* durch Schenkel, Gewicht und Hände bzw. Zügel bei der Ausführung der gewünschten Lektionen.
Durch eine Ausbildung soll es dem Pferd leichter gemacht werden, sich richtig unter dem Reiter zu bewegen, und es soll in seiner körperlichen und mentalen Entwicklung gefördert werden. Wir wollen ein Pferd niemals dazu bringen, etwas Unnatürliches zu tun, sondern wir wollen lediglich versuchen, das Natürliche zu regeln, zu fördern und zu kultivieren.

Umgang und Ausbildung

Behutsamer Umgang
Das Pferd ist von Natur aus ein scheues Lebewesen, dessen Verteidigung im Angesicht einer Gefahr darin besteht, sich umzudrehen und davonzulaufen. Es ist schlecht ausgerüstet für einen Kampf und legt daher selten ein aggressives Verhalten an den Tag. Wenn es nicht durch Zufall herausfindet, daß es wesentlich mehr Kraft als der Mensch besitzt, erfährt es sein ganzes Leben lang nicht, welches Potential es in sich hat. Es gibt allerdings einzelne Pferde, die von Natur aus dominant und daher nur schwer dazu zu bewegen sind, etwas gegen ihren Willen zu tun, wenn es sich vermeiden läßt.

Wenn das Pferd nicht lernt, den Menschen zu respektieren, wird es nicht gerade umgänglich sein und schnell die Oberhand gewinnen. Im Umgang mit Pferden muß man immer bestimmt, aber freundlich und gerecht sein. Geht der Ausbilder roh mit dem Pferd um oder zwingt es zu etwas, womit es überfordert ist oder worauf es nicht genügend vorbereitet wurde, wird es ihn herausfordern und sich widersetzen. Wird eine solche Auseinandersetzung zu einem körperlichen Kräftemessen, ist immer das Pferd der Sieger. Der erfahrene Ausbilder läßt es daher nie zu einer solchen Situation kommen, denn das schadet nur der Beziehung zwischen Mensch und Pferd und erschwert eine weitere Ausbildung.

Der Beginn der Ausbildung
Zu keiner Zeit ist der Umgang mit dem Pferd von größerer Bedeutung als zu Beginn der Ausbildung, wenn das junge Pferd an die

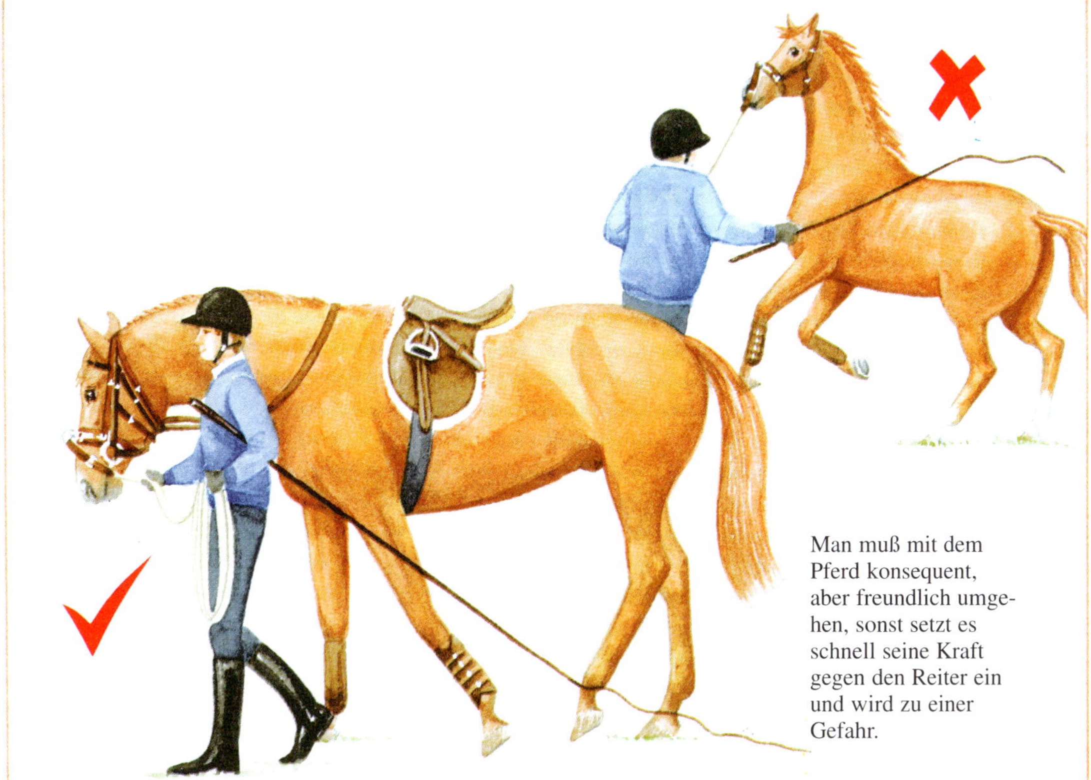

Man muß mit dem Pferd konsequent, aber freundlich umgehen, sonst setzt es schnell seine Kraft gegen den Reiter ein und wird zu einer Gefahr.

Arbeit herangeführt wird. Unglücklicherweise spricht man im Englischen von dieser Phase des Einreitens sogar als „Einbrechen“.

Ein solcher Begriff mag vielleicht das Vorgehen eines Pferdehändlers beschreiben, der ein rohes Pferd in möglichst kurzer Zeit reitbar machen will, um schnell Geld zu machen. Er drückt aber in keinster Weise die Ruhe und Geduld aus, mit der ein klassischer Ausbilder das Pferd schrittweise an sein neues Leben heranführt. Man muß sich das Vertrauen des Pferdes verdienen, ohne seinen Willen zu brechen. Es wird wie ein unerfahrenes Kind behandelt, nicht wie ein Gegner.

Im Normalfall kann man davon ausgehen, daß das Pferd ein willig mitarbeitender, kooperationsbereiter Partner ist, wenn es erst einmal die Autorität des Reiters anerkannt hat. Seit ein paar Jahrhunderten ist schon bekannt, daß gewaltsame Methoden in der Pferdeausbildung fehl am Platze sind, ja sogar, daß sie nicht die gewünschten Erfolge zeigen.

Die Ausbildung von Pferd und Reiter

Ein unerfahrener Reiter sucht oft in der Gewalt seinen letzten Ausweg, wenn er die Grenzen seines Könnens und Wissens erreicht hat und sich kaum noch Erfolge abzeichnen. Wenn ein richtiger Pferdemensch mit einem Ausbildungsproblem konfrontiert wird, reagiert er nicht hektisch, sondern analysiert die Situation und ersinnt Abhilfe oder sucht nötigenfalls Rat und Hilfe bei einem erfahreneren Reiter.

Die Ausbildung des Pferdes besteht darin, es zu schulen und ihm zu helfen, sich korrekt zu bewegen. Hierbei handelt es sich um einen langen, systematischen Prozeß, während dessen das Pferd langsam immer stärker wird, aber

Nehmen Sie sich Zeit, wenn Sie das Pferd mit unbekannten Ausrüstungsteilen vertraut machen wollen. Es muß lernen, alles gelassen hinzunehmen und sich nicht aufzuregen.

Dem Pferd soll seine Ausbildung Spaß machen. Es soll nach jedem Reiten, jeder Unterrichtseinheit ruhig und zufrieden sein und nie überfordert oder frustriert.

weder Streß noch körperlichen Unannehmlichkeiten oder gar Verletzungen ausgesetzt ist.

Dann wird es auch in der Lage sein, anstrengende Lektionen problemlos auszuführen. Wenn die Ausbildung übereilt erfolgt oder das Pferd überfordert wird, kann es zu Widersetzlichkeiten kommen und das Pferd körperlichen oder seelischen Schaden nehmen.

Ein erfahrener Ausbilder braucht drei oder vier Jahre, um ein Pferd auszubilden, aber man braucht mindestens zehn Jahre, um ein guter Reiter zu werden - und noch ein paar weitere Jahre, bis man die Fähigkeit besitzt, Pferde selbst ausbilden zu können. Aber es lohnt sich, diese Zeit zu investieren, denn es macht viel mehr Freude, reiterliches Können zu erwerben und dann eine Beziehung zu einem anderen Lebewesen aufzubauen, als einfach nur ein fertiges Pferd zu reiten, das von jemand anderem ausgebildet wurde. Ein guter Reiter wird sein Pferd hauptsächlich durch die Einwirkung von Gewichts- und Schenkelhilfen und in geringerem Maße über die Zügel beherrschen. Er setzt ein Minimum an Ausrüstung und ein weiches Gebiß ein, und unter ihm macht das Pferd laufend Fortschritte.

Ein schlechter Reiter setzt ein schärferes Gebiß und alle möglichen Hilfszügel ein, um seine körperliche Überlegenheit zu erhöhen und seine reiterlichen Schwächen zu kompensieren. Obwohl solch ein Reiter vielleicht sein Pferd beherrschen mag, verdirbt er unweigerlich die Qualität der Gänge des Pferdes und seine Rittigkeit. Mit der Zeit wird das Pferd immer schlechter und ist nicht mehr so angenehm zu reiten.

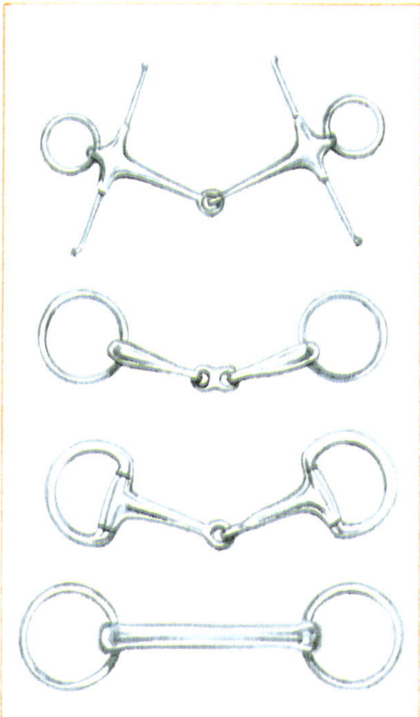

Während der Ausbildung ist ein einfaches Trensengebiß am besten geeignet. Wenn es korrekt angepaßt ist, ist es für das Pferd nicht unangenehm, und seine Wirkungsweise ist weich.

Auf Schlaufzügel sollte man tunlichst verzichten. Man kann damit viel Schaden anrichten und das Pferd verderben, denn es wird gezwungen, in einer unnatürlichen Haltung zu gehen.

Losgelassenheit

Gelöste Bewegungen
Wenn das Pferd aufmerksam und geschmeidig gehen soll, dann muß es sowohl körperlich als auch mental entspannt und gelöst sein. Unter diesem körperlichen Entspanntsein versteht man nicht, daß das Pferd schleppend und gelangweilt daherläuft, sondern daß es sich nicht verspannt oder wehrt. Das Pferd muß Kondition haben, und es braucht Körperkraft, um die gestellten Aufgaben ohne Ermüdung erfüllen zu können.

Ein verspanntes Pferd versucht eventuell, seinen eigenen Willen durchzusetzen und fügt sich nur widerwillig seinem Reiter. Es reagiert mit Sicherheit schlechter als das gelöste Pferd, das willig auf die reiterlichen Hilfen reagiert, sie annimmt und seinen Reiter zufriedenstellen möchte.

Wenn eine Verspannung vorliegt, muß sie auf jeden Fall durch Beheben der Ursache beseitigt werden. Manchmal liegt es an schlecht sitzendem Sattel- oder Zaumzeug, das schmerzt. Vielleicht liegt es auch an reiterlichen Mängeln, und das Pferd verkrampft sich bei dem Versuch, diesen Unannehmlichkeiten zu entgehen. Ein Pferd hat ein gutes Gedächtnis, und es ist ein Gewohnheitstier. Wenn es einmal unter einem schlechten Reiter gelitten hat, verspannt es sich unter Umständen schon, weil es mit weiteren unangenehmen Erfahrungen rechnet.

Das Pferd verspürt in der Regel kein besonderes Verlangen, gegen den Reiter mit Muskelkraft vorzugehen. Manchmal verspannt es sich aber absichtlich, um sich gegen die Hilfen zu wehren und die Arbeit umgehen zu können.

Beruhigen des Pferdes
Einem verspannten Pferd hilft es oft schon, wenn man es am Hals streichelt, die Zügel hingibt und dabei besänftigend mit ihm spricht. Andersherum verschlimmert man den Zustand nur noch weiter, wenn man an den Zügeln zieht oder sie zu kurz nimmt. Das sollte man am besten ganz sein lassen.
Freier Schritt am langen Zügel beruhigt ein aufgeregtes, verspanntes Pferd, und auch der Reiter kann sich so besser entspannen.

In Trab und Galopp am hingegebenen Zügel läßt sich gut kontrollieren, wie gelöst das Pferd wirklich ist. Beim Zügel-aus-der-Hand-Kauen-Lassen soll das Pferd Kopf und Hals nach vorne und abwärts strecken. Streckt es sich nicht vorwärts-abwärts, ist das ein Zeichen für Verspannung. Diesen Test kann man mit jedem Pferd machen, von der Remonte bis zum S-Pferd.

Jegliche Ausbildung auf einem verspannten Pferd ist vergeblich. Das Pferd muß losgelassen sein, bevor man irgendwelche anderen Ziele in der Ausbildung ansteuern kann.

Indem man mit der Hand über den Mähnenkamm streicht, kann man manchmal ganz schnell ein verspanntes Pferd lösen.

KURZE ZÜGEL

Wenn der Reiter das Pferd zu eng macht, kann es sich nicht lösen. Die Zügel dürfen das Pferd nicht einengen, sondern sie sollen ihm ermöglichen, sich vorwärts-abwärts zu strecken.

NORMALE ZÜGELLÄNGE

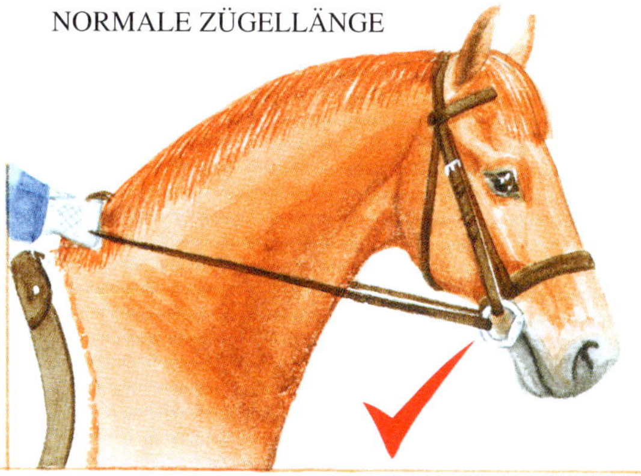

Die richtige Zügellänge ist nicht mehr und nicht weniger als der Abstand zwischen Gebiß und Hand, wenn das Pferd in einer natürlichen, angenehmen Haltung geht.

FREIER SCHRITT

Im Galopp am langen Zügel kann sich das Pferd nach anstrengenden Lektionen wieder entspannen. Es ist ein Prüfstein für Losgelassenheit, wenn sich das Pferd am langen Zügel im Galopp reiten läßt.

GALOPP AM LANGEN ZÜGEL

Gleichgewicht

Unter dem Begriff „im Gleichgewicht gehen" versteht man in der Reitersprache die Fähigkeit des Pferdes, sich gleichmäßig zu bewegen und Richtung und Tempo zu wechseln, obwohl es noch das zusätzliche Gewicht des Reiters auf dem Rücken trägt.

Gewichtsverteilung

Wenn das junge Pferd die ersten Male unter dem Reiter geht, hat es oft Probleme damit, sein Gleichgewicht zu finden. Es verändert daher laufend die Gewichtsverteilung auf Vor- und Hinterhand.

Pferde, die sich schon an das Reitergewicht gewöhnt haben, können sich viel leichter ausbalancieren. Dann bleibt die Belastung von Vor- und Hinterhand gleich, und auch Kopf- und Halshaltung sind beständig.

Pferde ohne aktive Hinterhand, die gerne mehr Gewicht auf die Schultern verlagern, gehen „auf der Vorhand" und sind schlecht ausbalanciert. Sie neigen dazu, immer schneller zu werden, und es ist schwer, ihnen das wieder abzugewöhnen.

Ein gut ausbalanciertes Pferd kann problemlos das Tempo verringern oder anhalten, selbst wenn es sich gerade in hohem Tempo bewegt. Es kann in jeder gewünschten Gangart bei nur geringer Anlehnung gehen, und der Reiter muß nicht laufend darauf achten, daß es nicht schneller wird.

Bei Richtungswechseln legt sich ein nicht ausbalanciertes Pferd mit der Schulter in die Wendung und bewegt sich plump und linkisch, so daß es praktisch von seinem eigenen Tempo davongetragen wird. Ein ausbalanciertes Pferd legt sich nicht in die Kurve und wird auch nicht schneller.

Verspannung und Steifheit sind die Feinde des Gleichgewichts: Wenn man mehr Zeit auf die Losgelassenheit verwendet, bessert sich daher das Gleichgewicht oft von ganz allein.

Ein nicht ausbalanciertes Pferd bewegt Kopf und Hals, wenn es sein Gewicht wieder verlagert. Die Gänge werden unregelmäßig, und die Anlehnung ans Gebiß ist unbeständig.

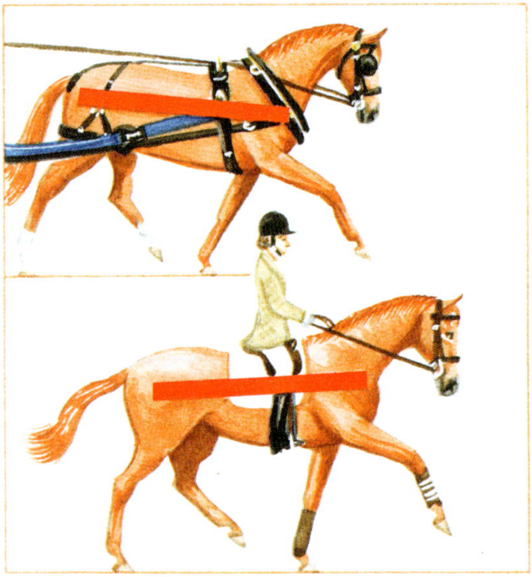

Das Gleichgewicht des Pferdes hängt davon ab, wie es sein Gewicht trägt. Zugpferde tragen ihr Gewicht auf den Schultern. Reitpferde müssen das Gewicht auf den Hanken tragen.

Die halbe Parade

Es gibt viele Lektionen, die dem Pferd helfen, sein Gleichgewicht zu finden, indem es mehr Gewicht auf die Hinterhand verlagert. Am wichtigsten ist die halbe Parade.

Wenn das Pferd in korrekter Haltung das Tempo zurücknimmt oder stehen bleibt, beugt es die Gelenke der Hinterbeine ein bißchen mehr, damit sie es nicht weiter vorwärtsbefördern, sondern mehr Gewicht aufnehmen. Wenn man also Paraden übt, gibt man dem Pferd etwas Übung in einer gleichgewichtsverbessernden Lektion.

Die ganze Parade ist ziemlich unangenehm, denn sie unterbricht den Fluß der Bewegungen. Daher setzt man stattdessen meist halbe Paraden ein. Der Reiter beginnt langsam, das Pferd durch ein halbe Parade auf das Halten vorzubereiten, aber sobald es sich wieder ausbalanciert hat, erlaubt er ihm, weiter vorwärtszugehen. Nach einer halben Parade geht es wieder besser im Gleichgewicht.

Heutzutage versteht man unter einer halben Parade kaum merkliche „Gleichgewichtskorrekturen“, die das Pferd nicht schon halb auf das Halten vorbereiten.

Tritte verlängern und verkürzen

Eine weitere wertvolle Übung zur Verbesserung des Gleichgewichts ist das Verlängern und Verkürzen der Tritte. Wenn die Tritte verkürzt werden sollen, darf der Reiter nicht die Zügel verkürzen, um das Tempo zu verlangsamen, denn so kann sich das Pferd nicht in den Hanken biegen. Der Reiter muß seinen Sitz anpassen, damit das Pferd sich mehr heben und weniger raumgreifende Tritte machen kann. Mit Schenkelhilfen muß er das Pferd dazu bringen, gut unterzutreten.

Beim Halten werden die Hanken gebeugt, und das Gleichgewicht verbessert sich.

Auch Übergänge von verlängerten auf kurze Tritte verbessern das Gleichgewicht.

Gleichgewicht

Wendungen und Zirkel
Wendungen und Zirkel sind ausgezeichnete Übungen zur Kräftigung der Hinterhand, denn in der Wendung muß das innere Hinterbein gebeugt werden und mehr Gewicht aufnehmen.

Seitengänge
Die sogenannten **Seitengänge** wurden vor über hundert Jahren eingeführt, um das Pferd geschmeidiger zu machen und seine Hinterhand zu kräftigen, damit es mehr Gewicht aufnehmen und die Vorhand entlasten kann. Wenn man das Gleichgewicht verbessern möchte, sind Seitengänge sogar noch wirkungsvoller als Wendungen und Zirkel. Aber das Pferd muß eine gute Grundausbildung haben, bevor man es an die Seitengänge heranführt.

Das **Schulterherein** bedingt eine Erhöhung der Längsbiegung des Pferdes. Die Vorhand wird vom Hufschlag geführt. Der innere Hinterfuß tritt unter den Schwerpunkt, wodurch er höher abfußen und mehr Gewicht aufnehmen muß als sonst. Diese gymnastizierende Lektion kräftigt das innere Sprunggelenk.
Beim **Konter-Schulterherein** verläßt die Hinterhand den Hufschlag, so daß der äußere Hinterfuß hinter dem Schwerpunkt liegt. Mit dieser Übung wird das äußere Kniegelenk des Pferdes gekräftigt.
In der **Traversale** bewegt sich das Pferd vorwärts und seitwärts. Es ist leicht in die Richtung gestellt, in die es sich bewegt. Das äußere Hinterbein kreuzt vor dem inneren Hinterbein, wodurch besonders das Hüftgelenk der äußeren Gliedmaßen trainiert wird.

Wenn alle drei Seitengänge in beide Richtungen geritten werden, dann werden alle wichtigen Gelenke der Hinterhand trainiert und die entsprechende Muskulatur gekräftigt. Mit Sicherheit verbessert sich das Gleichgewicht des Pferdes.

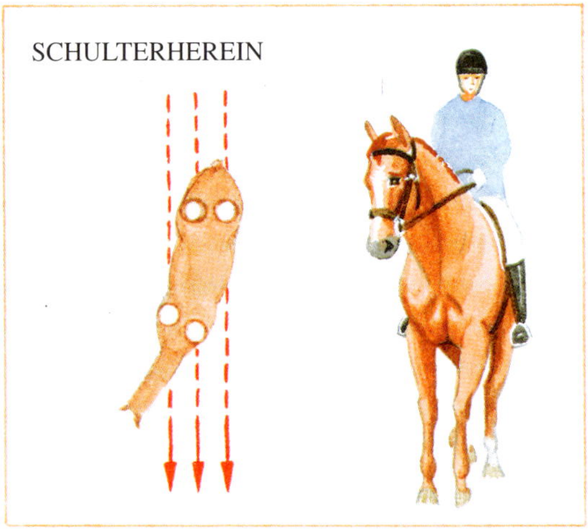

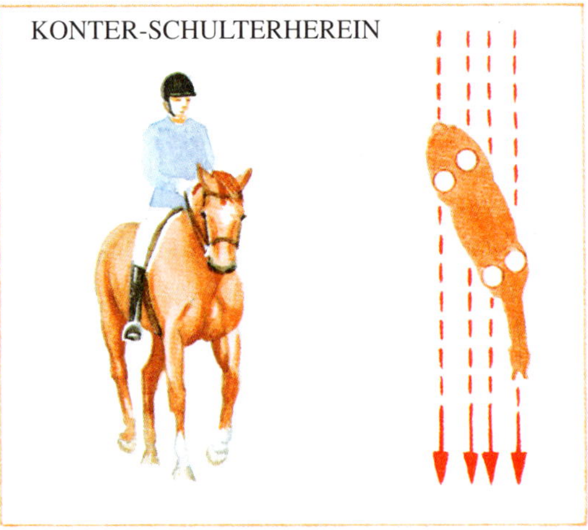

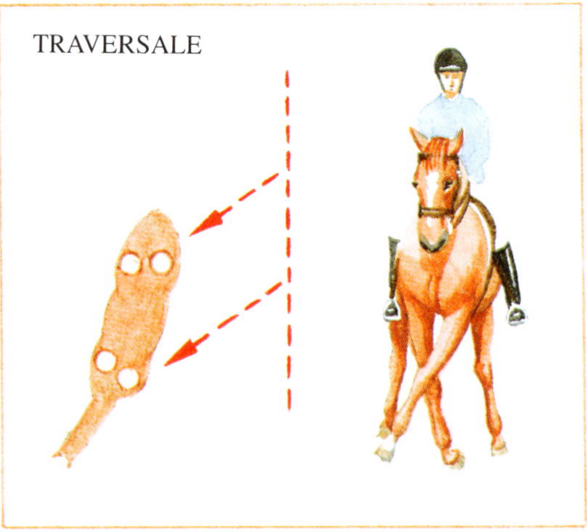

Takt

Gleichmäßige Bewegungen geben dem Reiter ein Gefühl der Harmonie. Es macht keinen Spaß, ein Pferd zu reiten, das laufend den Takt wechselt, und seine Gänge sehen auch nicht schön aus.

Eine Definition

Takt und Regelmäßigkeit sind erreicht, wenn der zeitliche Abstand von einem Schritt, Tritt oder Sprung bis zum nächsten gleich ist.

Der Takt sollte sich nicht ändern, wenn das Pferd in einer Gangart das Tempo wechselt. Wenn es „schneller" wird, werden die Tritte im selben Takt größer oder raumgreifender, aber es bewegt seine Beine nicht schneller. Wenn es „langsamer" wird, soll es kürzere, hohe Tritte machen, aber nicht die Beine langsamer bewegen.

Das Pferd weicht dem gerne aus und bewegt sich schneller, damit es nicht seine Hinterhand aktivieren muß. Ein reduziertes Tempo ist vorzuziehen, denn so wird das Pferd ermuntert, im Rücken zu schwingen und mit dem ganzen Körper mitzuarbeiten. Wenn es so geht, ist es auch durchlässiger und nimmt die Hilfen besser an. Ein Pferd mit gesetzten Bewegungen ist außerdem ein schönerer Anblick.

Die Regulierung des Takts

Wenn ein Pferd Taktfehler macht, deutet das oft darauf hin, daß es sich nicht im Gleichgewicht befindet. Der Reiter muß sich mehr um diesen Aspekt der Ausbildung kümmern.

Wenn das Pferd seine Tritte verlängern oder verkürzen soll, muß sicher sein, daß sich auch der Takt oder Rhythmus der Bewegungen des Reiters nicht ändert. Die Aufgabe wird nicht zu erfüllen sein, wenn der Reiter noch keinen gefestigten Sitz hat und durch die Bewegungen des Pferdes gestört wird, denn ein guter, ruhiger Sitz ist eine sehr wichtige Voraussetzung.

Wenn das Pferd versucht, schneller zu werden, kann der Reiter den Takt durch eine halbe Parade wiederherstellen.

ÜBEREILT: Schnelle, kurze Tritte

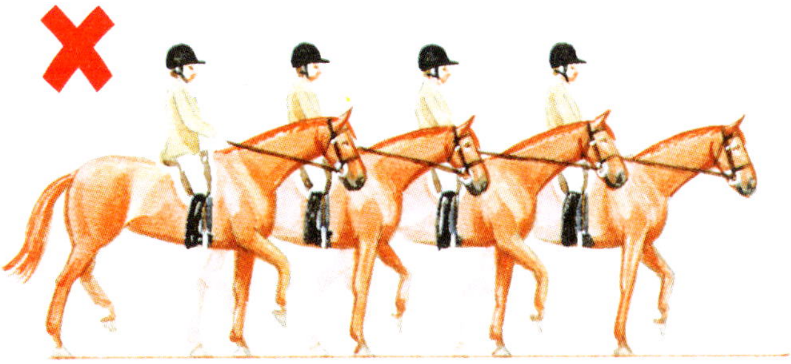

IM TAKT: Beschleunigen

Energie und Schwung

Das richtige Maß an Energie
Damit ein Pferd angenehm zu reiten ist, muß es genügend Vorwärtsdrang haben, so daß es willig geht, ohne daß der Reiter ständig stark treiben muß. Andererseits darf es nicht so energiegeladen sein, daß es rennt und der Reiter es dauernd zurückhalten muß. Wenn der Reiter möchte, daß das Pferd sein Tempo erhöht, muß er das durch vermehrtes Treiben erreichen können und nicht, indem er das Pferd weniger zurückhält.

Vorwärtsdrang ist ein Grundinstinkt in jedem Pferd, und jedes Tier hat sein eigenes Maß an Energie. Ein Grund, warum Warmblüter so beliebt bei Dressurreitern sind, ist, daß sie aufgrund ihres natürlichen Vorwärtsdrangs leicht auszubilden und angenehm zu reiten sind.

Der Reiter hat einen gewissen Einfluß darauf, wie energiegeladen sein Pferd ist. Er kann es z.B. „anregen" und seine Durchlässigkeit fördern, indem er häufig Übergänge übt.

Das unwillige Pferd
Wenn es dem Pferd unangenehm ist, sich zu bewegen, dann wird es kaum über Vorwärtsdrang verfügen, sondern versuchen, sich den reiterlichen Hilfen zu entziehen. Es muß den Reiter problemlos tragen können, und der Reiter sollte in der Lage sein, geschmeidig mit den Bewegungen mitzugehen und nicht hart in den Sattel bzw. Rücken fallen.

Das übereifrige Pferd
Ein Pferd kann auch über ein Übermaß an Energie verfügen durch natürlichen Übermut, zuviel energiereiches Futter oder zu wenig Bewegung. All diese Dinge kann der Reiter beeinflussen. Es kann sich aber auch um eine vorübergehende Erregung aufgrund eines bestimmten Vorfalls oder Umstands handeln. Dann braucht das Pferd einen einfühlsamen, guten Reiter.

Pferde mit zu wenig oder überschüssiger Energie stellen für den Reiter ein Problem dar. Ein Pferd ist einfacher zu reiten, wenn es genau das richtige Maß an Energie und Vorwärtsdrang hat.

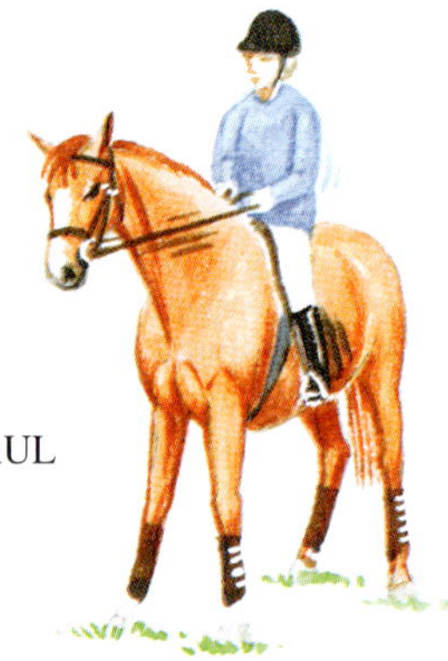

FAUL

BOCKEND

GUTGEHENDES PFERD UNTER KONTROLLE DES REITERS

So entsteht Schwung
Geregelte Energie gepaart mit Kraft und Stärke wird im allgemeinen als *Schwung* bezeichnet. Wenn ein Zugpferd im Geschirr nicht vorwärtsgehen darf, wird es anfangen, auf der Stelle zu treten. Durch seine Stärke besitzt es viel Schwung und Schub.

Ein Rennpferd besitzt sehr viel Energie, die aber nur in Schnelligkeit umgesetzt und nicht wie beim Zugpferd geregelt wird. Es gibt das kluge Sprichwort: „Schnelligkeit ist der Feind des Schwungs.“

Ein schlecht ausbalanciertes Pferd, das losrennt, wenn es aufgefordert wird, seine Tritte zu verlängern, hat zwar Energie, aber keinen Schwung. Ein solches Pferd wird nicht in der Lage sein, aus dem Schritt anzugaloppieren. Es wird erst einmal im Trab Schwung holen müssen. Im Gegensatz dazu kann ein Pferd, das sehr viel Schwung besitzt, sofort aus dem Stand angaloppieren.

Um sich schwungvoll bewegen zu können, braucht das Pferd eine gewisse Schubkraft in der Hinterhand, gepaart mit einem angemessenen Maß an Energie. Schwung läßt sich nur entwickeln, wenn das Pferd gelöst und ausbalanciert ist und gleichmäßige, taktreine Gänge zeigt.

Ohne Schwung sind die Lektionen der Hohen Schule nicht möglich. Der Reiter sollte immer versuchen, bei seinem Pferd Schwung zu entwickeln, und darauf achten, daß es seine Energie nicht in Form von Geschwindigkeit vergeudet.

Für die Passage braucht das Pferd Schwung - ein langsames, kontrolliertes Freisetzen von Energie. Ein ungeduldiges Zugpferd besitzt mehr Schwung als ein Rennpferd.

Biegung, Stellung und Durchlässigkeit

Für einen Reiter ist es eine Freude, ein durchlässiges, biegbares Pferd zu reiten, während ein steifes Pferd harte, stoßende Bewegungen hat und sehr unbequem zu sitzen ist. Für das Pferd ist ein steifer Reiter ein unwillkommener Passagier, und es geht lieber unter einem lockeren, geschmeidig sitzenden Reiter.

Ein schlecht gerittenes Pferd kann sich festhalten, aber das ist nicht die einzige Ursache für Verspannung. Wenn das Pferd nicht genügend gymnastiziert wird, werden einige Muskeln zu selten beansprucht, und manch ein Gelenk nie richtig. Soll das Pferd geschmeidig und durchlässig bleiben, muß es regelmäßig geritten und gymnastiziert werden.

Die Durchlässigkeit kann sehr verbessert werden, indem man viele Lektionen reitet, in denen sich das Pferd biegen muß. Es wird elastisch gemacht durch Übungen, die der gleichmäßigen Längs- und Seitenbiegung, etwa Wendungen, und der Durchlässigkeit in der Längsrichtung dienen, z.B. Tritte verlängern oder verkürzen. Während der Ausbildung tut es dem Pferd gut, wenn öfters zwischen Lektionen mit Seiten- und Längsbiegung abgewechselt wird.

Seitenbiegung

Dem Ausbilder, der sein Pferd seitwärts biegen möchte, stehen viele verschiedene Lektionen zur Verfügung. Es gibt den Zirkel, den Zirkel Verkleinern und Vergrößern, Schlangenlinien und Achten oder aus dem Zirkel Wechseln. Auch die Seitengänge eignen sich gut.

Wie stark das Pferd seitlich gebogen oder gestellt werden kann, hängt von seinem Ausbildungsstand ab. Ein junges Pferd kommt mit einer engen Wendung oder einem kleinen Zirkel nicht gut zurecht. Versucht der Reiter, eine zu enge Wendung zu reiten, gewinnt er gar nichts, denn das Pferd tritt entweder kürzer und verliert den Takt, oder es geht schief.

Es gibt eine Obergrenze für die Seitenbiegung, die sich im Laufe der Ausbildung erreichen läßt. Die Volte ist der kleinste Zirkel, den das fortgeschrittene Pferd gehen sollte.

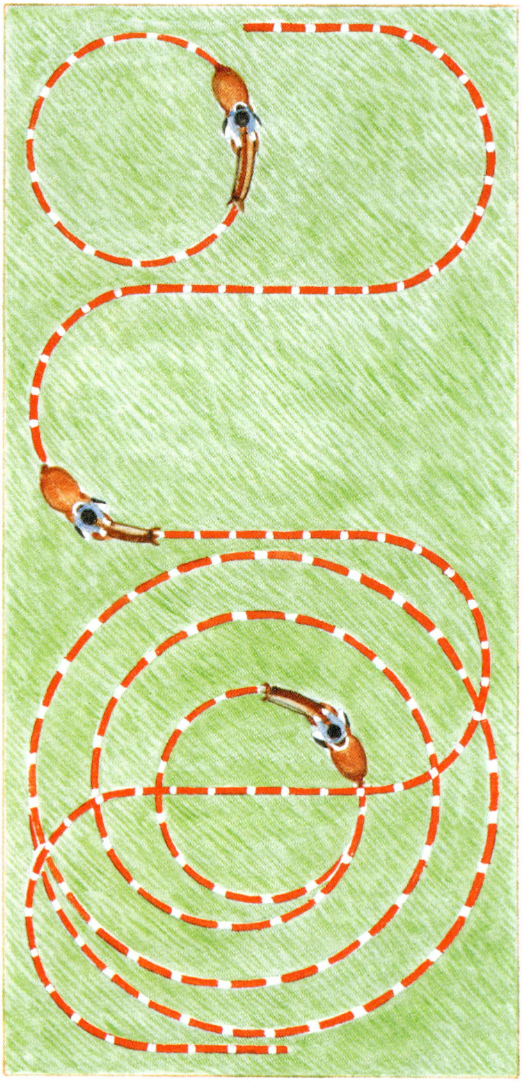

Diese Bahnfiguren fördern die Seitenbiegung und die Durchlässigkeit des Pferdes.

Durchlässigkeit in der Längsrichtung
Lektionen, bei denen eine Durchlässigkeit in der Längsrichtung erforderlich ist, geben dem Pferd die Möglichkeit, seinen Körper zu strecken und im Rücken zu schwingen. Die Gelenke der Hinterbeine werden gebeugt und gestreckt. Diese Lektionen fördern auch die Verlagerung des Gewichts nach hinten bzw. die Belastung der Hinterhand.

Es gibt zwei Hauptarten von Übungen zur Förderung der Durchlässigkeit. Im ersten Falle bleibt die Gangart unverändert, aber das Pferd darf seinen Rahmen erweitern, indem es Kopf und Hals tiefer nimmt, sobald der Reiter die Zügel nachgibt. Das kann im Schritt, Trab oder Galopp und in verschiedenen Bahnfiguren erfolgen, auch in Seitengängen.

Im zweiten Fall bleibt der Rahmen des Pferdes fast unverändert, aber es wird aufgefordert, seine Tritte zu verlängern oder zu verkürzen. Auch das kann bei nahezu jeder Bahnfigur und in den Seitengängen geschehen.

Mit fortschreitender Ausbildung wird das Pferd langsam die Grenzen für die Erweiterung oder Verkürzung seines Rahmens höher setzen. Rückwärtsrichten und direkte Übergänge, wie das Halten aus dem Trab und Angaloppieren aus dem Schritt, gymnastizieren das Pferd und machen es durchlässiger.

Durchlässigkeit ist eng mit Kraft verbunden, denn nur das durchlässige Pferd kann schwierigere Lektionen ausführen, die wiederum den Aufbau seiner Muskeln fördern. Vorausgesetzt, der Reiter beherzigt die Grundsätze der Pferdeausbildung, arbeitet sein Pferd gleichmäßig auf beiden Händen und erhöht seine Anforderungen nur schrittweise, müßte er beinahe automatisch ein biegsames und durchlässiges Pferd bekommen. Durchlässigkeit und Biegsamkeit sind ein guter Maßstab für den Erfolg der Ausbildung.

AUS DEM HALTEN ANTRABEN

Dies ist eine gute Übung für Durchlässigkeit in der Längsrichtung.

Indem der Reiter die Zügel langsam nachgibt, ermuntert er das Pferd, sich in die Länge zu strecken, so daß sich sein Rahmen erweitert.

Geradegerichtetsein

Die natürliche Schiefheit
Wie wir Menschen auch, ist das Pferd entweder Links- oder Rechtshänder. Auf einer Seite läßt es sich besser biegen und abwenden. Meist belastet es die Hinterhand ungleichmäßig und bevorzugt dabei ein bestimmtes Bein, so daß die Hinterhand nach einer Seite ausfällt und das Pferd schief geht.

Diese Schiefheit verursacht eine Reihe von Problemen beim Reiten:

- die Anlehnung ans Gebiß ist auf einer Seite fest, auf der anderen weich
- das Pferd fällt über eine Schulter aus
- das Pferd kürzt die Ecken ab, um nicht das schwächere Hinterbein belasten zu müssen
- es bevorzugt eindeutig den Rechts- oder Linksgalopp
- Seitengänge werden je nach Richtung unterschiedlich gut ausgeführt

Das Geraderichten des Pferdes
Der Reiter muß darauf achten, daß sich die Schultern in einer Linie mit der Hinterhand des Pferdes befinden, und darf nicht zulassen, daß es sich auf der Seite mit der stärkeren Anlehnung auf den Zügel legt.

Es gibt viele Übungen, die helfen, das Pferd auf beiden Seiten gleichmäßig zu entwickeln, so daß sich die Schiefheit vermindert. Besonders Lektionen, bei denen sich das Pferd biegen muß, eignen sich dazu. Es ist bekannt, daß ohne Stellung und Biegung kein Geradegerichtetsein erreicht werden kann.

Indem man häufig Seitengänge reitet, lassen sich bestimmte Gelenke der Hinterhand kräftigen, wenn der Reiter das Gefühl hat, daß sie zu schwach sind. Auch das Angaloppieren aus dem Stand kann zur Kräftigung eines schwachen Hinterbeins dienen. Übergänge in den Rechtsgalopp unterstützen z.B. die Kräftigung des linken Hinterbeins.

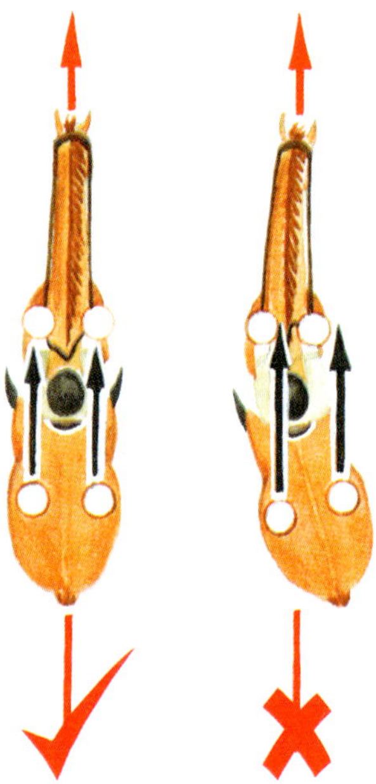
Beim geradegerichteten Pferd fußen die Hinterbeine in die Spurlinien der Vorderbeine und nicht daneben.

Merkmal eines geradegerichteten Pferdes ist, daß es sich problemlos auf beiden Seiten biegen und in Wendungen stellen läßt.

Anlehnung

Leicht, aber beständig
Unter Berücksichtigung des Grundsatzes, daß ein Pferd am besten geht, wenn es gelöst und ungezwungen ist, sollte immer nur eine leichte Verbindung zwischen Reiterhand und Pferdemaul bestehen. Der Druck auf das Pferdemaul sollte nie mehr als etwa ein- oder zweihundert Gramm betragen.

Es ist nicht möglich, ein Pferd ohne jegliche Anlehnung ans Gebiß auszubilden, denn dann hätte man kein Mittel, um es zur Entlastung der Vorhand und Belastung der Hinterhand zu veranlassen. Eine leichte Anlehnung ist unerläßlich, um bestimmen zu können, wie weit das Pferd sich strecken darf, und um einen Anhaltspunkt zu haben, wie weit sich die Hinterhand aktivieren läßt.

Mehr Gewicht mit der Hinterhand aufzunehmen, bedeutet mehr Muskelaktivität - eine Anstrengung, die ein Pferd, wie jedes andere Lebewesen auch, möglichst vermeiden möchte. Das gelingt ihm am langen Zügel, und es entzieht sich der treibenden Wirkung der Gewichts- und Schenkelhilfen des Reiters.

Wenn es dem Reiter gelingt, die Hinterhand zu aktivieren, verbessert sich das Gleichgewicht des Pferdes. Es hebt sich in der Vorhand, d.h. es richtet sich auf und trägt Kopf und Hals höher, wodurch die Anlehnung geringer wird und der Reiter die Zügel nachfassen und mit etwas kürzeren Zügeln weiterarbeiten kann. Mit genau dem richtigen Maß an vorwärtstreibenden Hilfen kann eine leichte Anlehnung fortwährend bestehen bleiben.

Der Reiter muß immer auf eine gleichmäßige, beständige Anlehnung achten. Das kann er nur, wenn er gut sitzt und eine absolut ruhige Hand hat. Wer dazu nicht in der Lage ist, kann sich helfen, indem er seine Hände vorne am Sattel abstützt oder sie am Oberschenkel auflegt. So sind die Hände stabilisiert, und das Pferd kann die Anlehnung an ein passives Gebiß suchen.

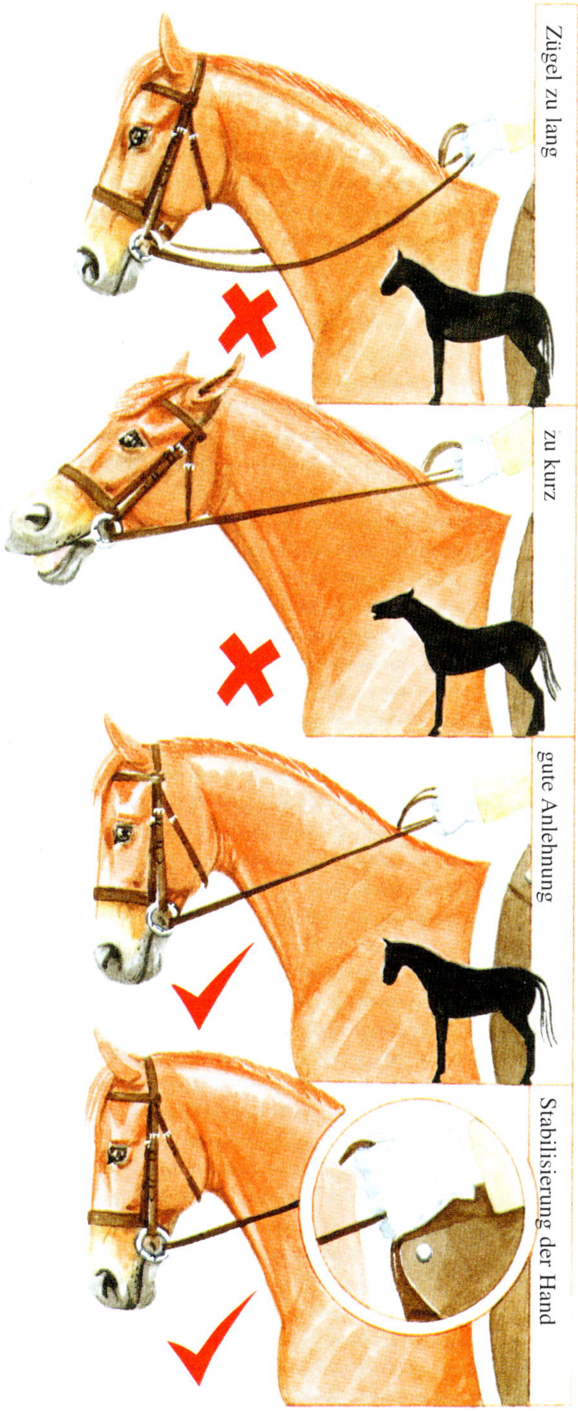

ANLEHNUNG

Die Kopfhaltung

Das Pferd braucht eine leichte, aber stetige Anlehnung, wobei der Kopf nicht durch die Zügel in eine Haltung gezwungen werden darf. An der Kopfhaltung kann man erkennen, wie es sein Gewicht verteilt.

Trägt das Pferd seinen Kopf nicht in der gewünschten Haltung, darf man nicht versuchen, den Kopf mit Hilfe der Zügel hochzuziehen oder ihn in der gewünschten Positition festzuhalten. Für diese Korrekturen muß die Hinterhand vermehrt zum Untertreten aktiviert werden, so daß sie mehr Gewicht aufnimmt. Dann hebt sich das Pferd in der Vorderhand und nimmt automatisch eine bessere Haltung ein.

Wenn ein merklicher Druck auf dem Gebiß liegt, dann sind die Zügel für den momentanen Gleichgewichtszustand des Pferdes zu kurz. Wenn die Zügel durchhängen, dann sind sie zu lang, und das Pferd läßt sich weder versammeln, noch hat der Reiter es ganz unter Kontrolle.

In der freien Natur benutzt das Pferd Kopf und Hals beim Ausbalancieren als Gegengewicht. Stört der Reiter diesen Vorgang, indem er zuviel Druck über die Zügel ausübt, wird es für das Pferd sehr schwierig, gut zu gehen. Ein Gewichtsdruck auf den Zügeln hat eine indirekte Wirkung auf die Hinterhand: Das freie Herantreten wird behindert, und das ist unproduktiv.

Die Anlehnung suchen

Eine Grundregel ist, daß das Pferd die Anlehnung ans Gebiß suchen muß. Wenn der Reiter die Zügel nachgibt, muß das Pferd die Nase vorwärts-abwärts strecken und versuchen, wieder Anlehnung ans Gebiß zu finden. Der Reiter soll nicht die Zügel verkürzen, um so die Verbindung zum Pferdemaul herzustellen, sondern das Pferd soll das Gebiß suchen und an es herantreten. Aufgabe des Reiters ist, ihm beizubringen, wie es das machen soll.

Bei leichter Anlehnung treten die Hinterbeine gut nach vorne unter das Pferd.

Eine starke Anlehnung vermindert die Aktion der Hinterhand.

Wenn die Zügel nachgegeben werden, muß das Pferd die Anlehnung ans Gebiß suchen.

Die Selbsthaltung

Bei fortschreitender Ausbildung wird das Pferd lernen, in „Selbsthaltung“ zu gehen. Das bedeutet, daß es stark genug geworden ist, um das Gewicht seines eigenen Kopfes und Halses in einer guten Haltung zu tragen, ohne zu ermüden und ohne die Zügel als Stütze zu nehmen.

Der Reiter kann die Selbsthaltung überprüfen, indem er die Zügel hingibt und abwartet, wie lange das Pferd seine Haltung beibehalten kann.

Abwenden und Halten

Obwohl die Zügelhilfen eine Rolle beim Abwenden oder Halten spielen, wäre es absolut falsch, einfach an den Zügeln zu ziehen, um eine dieser Lektionen auszuführen. Ein Pferd, das gezwungen ist, auf brutale Hilfen zu reagieren, wird niemals willig und freudig gehen und hart und unangenehm zu sitzen sein.
Beim Abwenden oder auf dem Zirkel muß das Pferd in Richtung der Wendung gestellt sein und den inneren Hinterfuß vermehrt belasten. Zügelhilfen können folgendermaßen im Zusammenwirken mit Gewichts- und Schenkelhilfen beim Abwenden eingesetzt werden: Der innere Zügel bleibt passiv; er zeigt bei einer Wendung lediglich die Richtung der Stellung an. Der äußere Zügel gibt nach, so daß sich das Pferd auf dieser Seite mehr strecken und in die entsprechende Richtung abwenden kann.

Wie stark sich das Pferd auf dieser Seite strecken kann und wie groß die Wendung folglich sein wird, hängt davon ab, wieviel Zügel der Reiter nachgibt.

Wenn ein Pferd sich nicht leicht biegen läßt, kann ein übertriebenes Nachgeben des äußeren Zügels helfen. Bei einem gutausgebildeten Pferd jedoch bringt der innere Schenkel des Reiters das innere Sprunggelenk dazu, sich zu beugen, und der innere Hinterfuß nimmt das Gewicht auf, so daß das Pferd sich biegen kann. Hier gibt es keinen Grund, den äußeren Zügel übertrieben nachzugeben. Der Reiter kann diesen Zügel gleichmäßig anstehen lassen, und das Pferd sucht eine leichte Anlehnung am inneren Zügel.

ABWENDEN

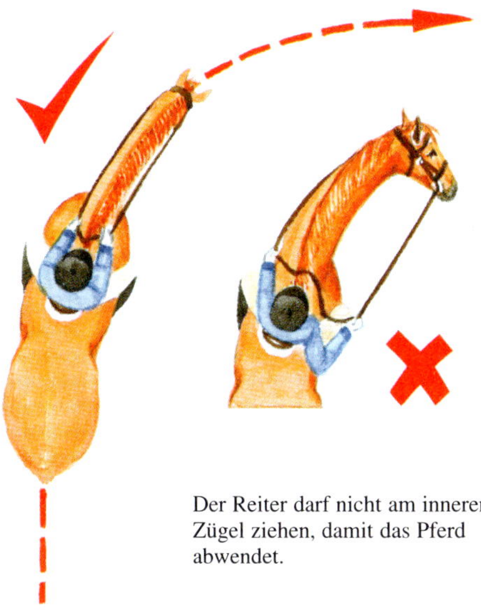

Der Reiter darf nicht am inneren Zügel ziehen, damit das Pferd abwendet.

HALTEN

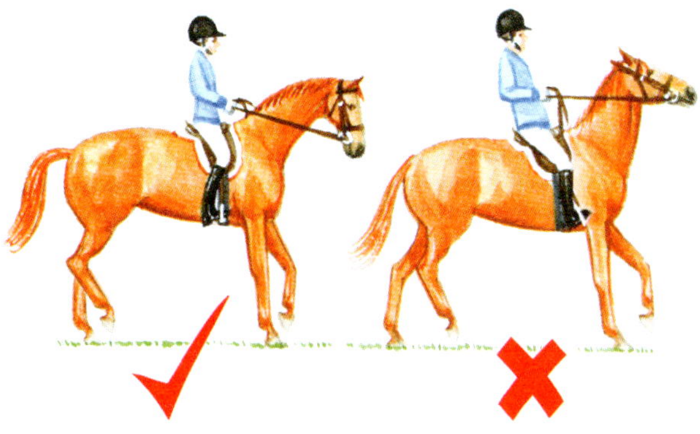

Die Zügel dürfen nicht als Bremse dienen. Bei anstehenden Zügeln treibt der Reiter die Hinterhand weiter vor unter das Pferd.

Versammlung

Das versammelte Pferd ist durchlässig und gehorsam. Es konzentriert seine Energien, so daß es sofort und mühelos alle Lektionen ausführen kann, die sein Reiter wünscht.

Was bedeutet Versammlung?
In gewisser Weise ist die Versammlung das oberste Ziel in der Ausbildungsskala, denn ein versammeltes Pferd verkörpert alle Qualitäten, die der Reiter von seinem Pferd erwarten kann. Ein versammeltes Pferd ist äußerst angenehm zu reiten, und nur auf einem versammelten Pferd kann der Reiter das Gefühl erleben, zu einer Einheit mit seinem Pferd zu verschmelzen.

Es liegt in der Natur der Versammlung, daß das Pferd mehr Gewicht auf die Hinterhand nimmt. Somit ist Versammlung eng mit Gleichgewicht verbunden bzw. hängt sogar davon ab.

Diese Tätigkeit der Hinterhand wird erreicht durch eine verstärkte Beugung von Sprung-, Knie- und Hüftgelenk und ein Absenken des Beckens, wodurch der hintere Rückenteil so rund erscheint. Die Kruppe wird leicht gesenkt und die Vorhand erhöht.

Im Profil erscheint das Pferd wesentlich kompakter. Sein Hals ist schön rund und es wölbt sich im Genick, so daß die Nasenlinie fast senkrecht ist. Seine Bewegungen sind kürzer, aber erhabener, wobei man von *Kadenz* spricht. Der Körper ist geschmeidig, und das Pferd geht leichtfüßig.

Wie erreicht man Versammlung?
Alle Grundsätze der Ausbildung müssen verwirklicht worden sein, bevor man Versammlung erreichen kann. Das Pferd muß losgelassen und im Gleichgewicht gehen; es ist geradegerichtet und bewegt sich taktrein und schwungvoll bei gleichmäßiger Anlehnung ans Gebiß.

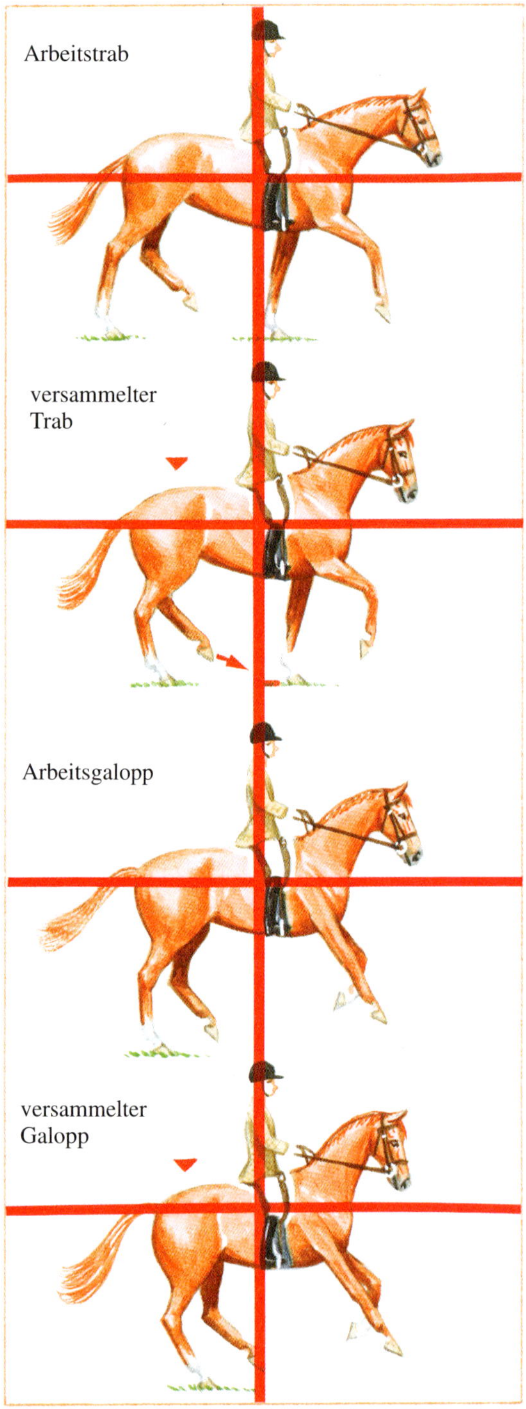

Wege zur Versammlung
Versammlung kommt nicht von allein. Manch ein Reiter versucht, sein Pferd zu versammeln, indem er an den Zügeln zieht und es sozusagen von vorne kürzer macht. Das ist niemals von Erfolg gekrönt, denn es kommt zu Verspannungen und die Entlastung der Vorhand wird behindert. Es gibt kein Schnellverfahren, mit dem sich die ersehnte charakteristische Haltung des versammelten Pferdes erreichen ließe.

Während die Schenkel nicht vorwärtstreiben, damit das Pferd nicht schneller wird oder die Tritte verlängert, wird es durch Sitz und Schenkel aufgefordert, die Hanken zu beugen und die Hinterhand vermehrt zu belasten. Wenn es entsprechend reagiert, lassen diese Hilfen nach.

Die Grenzen der Versammlung
Der höchste Grad der Versammlung im Trab ist die „Piaffe", wobei das Pferd auf der Stelle tritt. Im Galopp kann das Pferd eine „Pirouette" ausführen, eine Drehung um 360 Grad.

Weil der Schritt nicht wie Trab und Galopp über natürlichen Schwung verfügt, ist ein guter, versammelter Schritt sehr schwierig. Nur ein wirklich begabter Reiter ist in der Lage, versammelten Schritt korrekt zu reiten.

Piaffe

Galopp-Pirouette

Die drei Stufen der Pferdeausbildung

Die klassische Ausbildung des Reitpferdes geschieht in drei einzelnen Stufen, früher auch Schulen genannt. Die ersten zwei Stufen sollte jedes Reitpferd durchlaufen. Die dritte Stufe, die Hohe Schule, ist denjenigen vorbehalten, die auf die hohe Dressur spezialisiert werden.

Grundausbildung
Die erste Stufe beginnt normalerweise im 4. Lebensjahr des jungen Pferdes und dauert etwa ein Jahr.

Mit dem Reiten wird aber erst begonnen, wenn das Pferd ruhig, gehorsam und korrekt an der Longe geht. Es wird geradeaus geritten bzw. geht einfache, große Bahnfiguren. Hauptziele sind, das Pferd an die Hilfen zu stellen, so daß es ruhig und aktiv geradeaus geht, und es fit zu machen, so daß es körperlich in der Lage ist, die nächste Ausbildungsstufe zu durchlaufen.

Fortgeschrittene Ausbildung
Ein erfahrener Ausbilder dürfte in der Lage sein, diese Ausbildungsstufe mit den meisten Pferden in ein oder zwei Jahren abzuschließen. Die meisten Pferdebesitzer werden dafür allerdings mehr Zeit brauchen.

Die Arbeit beinhaltet das Reiten des versammelten Pferdes auf kleinen Zirkeln und Kurzkehrtwendungen, die Seitengänge, direkte Übergänge und fliegende Wechsel.

Hauptziel ist ein vielseitiges Reitpferd, das einfach und angenehm zu reiten ist.

Hohe Schule
Mit der Hohen Schule verläßt man den Bereich der praktischen Anforderungen und betritt die Sphäre der Kunst. Hierzu gehören einige spektakuläre Lektionen, die aber richtig Spaß machen können.

Diese Ausbildungsstufe ist undenkbar ohne eine umfassende Grundausbildung: Das Pferd muß gründlich ausgebildet und durchtrainiert sein.

Die Lektionen der Hohen Schule teilt man ein in „Schulen auf der Erde" und „Schulen über der Erde". Unter den Schulen auf der Erde versteht man all die schwierigen Lektionen, die in einer Grand-Prix-Dressurprüfung gezeigt werden müssen: die Piaffe, die Passage, die Galoppirouette und fliegende Galoppwechsel à tempi.

Die Schulen über der Erde werden so genannt, weil das Pferd mit der Vorhand den Boden verläßt. Nur einige wenige Pferde sind in der Lage, diese Lektionen zu erlernen.

Dem Pferd werden aber nur die Lektionen oder Schulen beigebracht, für die sich bei ihm eine natürliche Begabung erkennen läßt. Bei der *Kapriole*, einem Schulsprung (siehe unten), springt das Pferd in die Luft und schlägt an der höchsten Stelle seines Sprunges kräftig nach hinten aus.